PARACELSO

PROFECÍAS

PARACELSO

PROFECÍAS

EDICIONES OBELISCO

Si este libro le ha interesado y desea que le mantengamos informado de nuestras publicaciones, escríbanos indicándonos qué temas son de su interés (Astrología, Autoayuda, Psicología, Artes Marciales, Naturismo, Espiritualidad, Tradición...) y gustosamente le complaceremos.

Puede consultar nuestro catálogo en www.edicionesobelisco.com

Colección Biblioteca esotérica
PROFECÍAS
Paracelso

1.ª edición: octubre de 2025

Título original: *Prognostication*

Traducción: *Juli Peradejordi*

Edita: Ediciones Obelisco, S. L.
Collita, 23-25. Pol. Ind. Molí de la Bastida
08191 Rubí - Barcelona - España
Tel. 93 309 85 25
E-mail: info@edicionesobelisco.com

ISBN: 978-84-1172-296-4
DL B 8464-2025

Printed in India

PRÓLOGO DEL EDITOR

Como escribíamos hace ya más de 30 años en la presentación del *Libro del ente espiritual*[1] de Paracelso, «hablar de Paracelso es hablar de un gigante, y hablar de un gigante es hablar de mitología». El mito, etimológicamente hablando, es la palabra, la palabra que encubre una enseñanza, casi siempre iniciática, esotérica. La mitología no es una especie de literatura *fantasy* de nuestros antepasados, sino una expresión de la enseñanza tradicional, algo que podemos ver desarrollado, por ejemplo, en la obra de dom Antoine Joseph Pernety.[2]

Hablar del «personaje» daría mucha cancha, pues fue polémico, enjundioso, contradictorio, controvertido, pero sin duda ello podría eclipsar lo verdaderamente importante: su función y sus enseñanzas. Hablar de «gigante» nos desvela de entrada que a pesar de ser un mortal no se trata de un mortal más, sino que pertenece a una estirpe, a una filiación divina.

---

1. *Libro del ente espiritual*, Ediciones Obelisco, Barcelona 1991.
2. Autor de un *Diccionario Mitohermético* (1787), ed. Índigo, Barcelona 2002 y de las *Fábulas egipcias y griegas explicadas y reducidas a un mismo principio*, ed. Obelisco, Barcelona 2022.

Médico, astrólogo, alquimista, profeta e investigador de lo oculto, Paracelso es ante todo un espíritu libre, salvajemente libre que no se resigna a aceptar como «cierto y muy verdadero» lo que como tal le vende su tiempo. Hoy en día actuaría de la misma manera. Eso hace de él al mismo tiempo un rebelde y un innovador, un inventor y un redescubridor, alguien, en fin, que no se deja manipular. «Que aquel que pueda ser él mismo no sea diferente de sí» era una de sus máximas.

Durante toda su vida siempre dijo lo que pensaba y ya sabemos que la gente que dice lo que piensa, incluso la gente que piensa, no son cómodos para la sociedad: no sólo cometen la insolencia de pensar sino que además van y lo dicen, lo cual podría provocar que otros también se pongan a hacerlo.

En su libro *Teorías y símbolos de los alquimistas,*[3] Albert Poisson nos dirá que:

«Jamás ningún reformador fue tan violento, jamás hombre alguno tuvo tantos amigos entusiastas y tantos enemigos encarnizados. Un volumen entero no sería suficiente para enumerar las obras de sus discípulos y los panfletos de sus detractores».

Su apodo de «Paracelso» podría delatar que se consideraba superior a Celso, ya que renegaba de la medicina de los antiguos que, según él, logra un «escaso número de sanaciones» pues «encubren su ignorancia con vanas palabras». Paracelso rechazó las creencias médicas de su época afirmando algo tan insensato para su entorno como que las enfermedades se debían a agentes externos al cuerpo y que

---

3. *Teorías y símbolos de los alquimistas,* Ediciones Obelisco, Barcelona, 2021.

podían ser combatidas por medio de sustancias químicas. Criticó con acidez la creencia de los escolásticos, procedente de los escritos del médico griego Galeno, de que las enfermedades se debían a un desequilibrio de los humores o fluidos corporales, y de que podían curarse mediante sangrías y purgas.

Como médico nos ha dejado un importante legado. Fue un precursor avanzado de doctrinas medicas muy posteriores a su paso por este valle de lágrimas. Le debemos, por ejemplo, el enunciado de la teoría de los «terrenos» en la que se basan no sólo la homeopatía, sino gran parte de las medicinas alternativas actuales.

El erudito monje Don Antoine Joseph Pernety nos lo presentaba así en su *Diccionario Mito-Hermético* (1787):

«Célebre Médico Alemán que vivió hacia finales del siglo XVI. Dejó un gran número de obras tratando materias Filosóficas, Metalúrgicas y Medicinales. Se le cree discípulo de Basilio Valentín, Religioso Benedictino de Alemania. Paracelso quiso reformar la teoría y la práctica de la Medicina, y a este efecto es que publica unos principios muy simples, de los cuales parecía tener un gran conocimiento. Siempre hizo admirables curas, incluso de las enfermedades más desesperadas. Esta novedad, su ciencia y el éxito lo hicieron objeto de la envidia y, en consecuencia, de numerosísimos enemigos. Sus obras, escritas en un estilo metafórico, son hoy casi ininteligibles, a pesar de las claves que con esmero se han aplicado para descifrarlas. Pese a todo, se han recuperado un gran número de sus remedios, los cuales aún hoy son usados. Cambió los nombres de los ingredientes y sustituyó por barbarismos y palabras inventadas el nombre ordinario de los mismos. Como este Autor es muy

seguido por aquellos que se aplican al estudio de la Filosofía Hermética, he creído deber rendirles servicio explicando en este Diccionario la mayor parte de esos nombres bárbaros, siguiendo a Beccher, Johnson, Rullandus y algunos otros Autores. La Medicina Paracélsica es la misma que la Medicina Hermética, si creemos a Blanchard».

Paracelso tuvo una excelente relación con las autoridades eclesiásticas de su tiempo, y en todas sus obras demuestra ser un hombre piadoso y consciente de la insignificancia humana. En el libro que hoy presentamos defiende, por ejemplo, que «el hombre nada puede por sí mismo» y «nadie ha de extrañarse de que ocurran cosas imposibles ya que todo está en las manos de Dios».

También opina que «no se puede tener nada doblegado permanentemente y que todo acaba recuperando su posición normal» o que «el orgullo y el desorden nunca llevan a un final feliz»

También nos propone una importante experiencia: «¡Feliz aquel que nace durante el sueño!»

El editor.

Propheceien vnd Weissagungen. Vergangne/Gegenwertige/ vnd Künfftige Sachen/Geschicht vnd Zůfäll/

Hoher vnd Niderer Stende/ Den Frommen zu ermanung vnd trost / Den Bösen zum schrecken vnd warnung biß zum ende/verkündende. Nemlich:

Doctoris Paracelsi/
Johan Liechtenbergers/
M. Josephi Grünpeck/
Joan. Carionis/
Der Sibyllen/vnd anderer.

Innhalt vorgestelten Registers/Außgelegt/
vnd durch Figuren angezeygt.

PRÓLOGO DEL DOCTOR PARACELSO

A propósito de las disposiciones de los espíritus superiores en sus efectos, podría plantearse una pregunta. Pues aquello que yace para el hombre en la Tierra suele permanecer oculto a nuestros ojos. A menudo, resulta imposible reconocer cuál es su propósito; nos extraviamos y tropezamos en lugar de avanzar. La respuesta a esto es breve: los ojos aquí no nos sirven, ni tampoco los pies.

Otra cuestión es la siguiente idea: Dios no quiso revelarnos todo a través de las obras que hemos experimentado. Muchas cosas permanecieron ocultas en la naturaleza hasta que finalmente las descubrimos. Tales conocimientos suelen ser mayores que lo que ya se nos había enseñado. Son, por naturaleza, secretos y no accesibles para todos. Dios nos ha dado entendimiento para que podamos descubrir los misterios de la naturaleza y aprender de ellos. Existen personas capaces de hablar de estos temas, pero sólo si están preparadas para ello.

Ya que Dios lo quiere así, debemos aprender de aquellos que conocen estas verdades. El pescador captura peces en las profundidades del agua, criaturas que nunca antes había

visto. El minero extrae oro y cientos de cargas de la tierra que antes no conocía. Así es como Dios nos instruye.

No hay nada tan misterioso que no haya de ser revelado algún día. Ya sea en el Cielo, en el firmamento, en el mar o en la Tierra, todas las cosas se harán manifiestas a través del hombre, que busca todas las cosas. Aquel que descubre el primer secreto debe enseñarlo a los demás, pues Adán no lo originó por sí mismo; fue Dios quien lo creó y nos lo entregó. Así, podemos aprender de su creación y de todo lo que ella contiene.

Escrito en el transcurso de 24 años para describir el actuar de este mundo.

Es ciertamente lamentable que el ser humano se haya vuelto tan ávido de ganancias, y que esté tan cegado y corrompido por su propia avaricia, que ya no pueda ver ni comprender lo que es verdaderamente importante. Día tras día se preocupa por el dinero y los bienes materiales, y ha olvidado por completo el corazón de Dios. Ya no vive según los principios que debería. Observa los signos ocultos, los movimientos de las estrellas, del Sol y de la Luna, y estudia el paso de los años de las personas en la Tierra. Pero en lugar de usar estos conocimientos para el bien, sólo se aprovecha de ellos para su propia ganancia, engañando y explotando a los demás.

Sin embargo, si existe algo en la Tierra que sea consistente y seguro, eso es el cambio constante. Todo en este mundo es transitorio. Sólo existe un ser que permanece, y ese es Dios, quien con su poder y su sabiduría mantiene la unidad de las tres cosas en una sola. Nosotros, los seres humanos, deberíamos aprender de esto y comprender que, aunque estamos divididos en cuerpo, mente y alma, debe-

Vorred Doctors Paracelsi.

ZV beschreiben die obern Gestirn in jhren wirckungen/ möcht villeicht wol ein frag eingfürt werden/ Dieweil wir vff der erden/ was für den füssen ligt/ nit wol sehen mögen/ offt strauchen vnnd stossen/ vil vnmöglicher im Himel. Ist doch die kürtzest antwort/ daß die augen da nicht gebraucht werden/ die füß noch minder.

Ein solche vnderricht ist weiter zugebẽ: Got wil in allẽ seinen werckẽ vns erfarẽ haben/ vñ dz wir wissen haben in den heimlicheitẽ ð natur/ vñ dz nichts vßbleib/ sonð dz wirs erfaren/ Also sind erfūdẽ wordẽ vil grösser künst/ wūdbarlich art iñ menschen/ die zu erzelẽ mit vil arbeyt nit beschehẽ möcht.

So nun Gott wil vns dermassen haben/ so můß er vns lernen dz wirs wissen/ deñ auß dẽ menschẽ mags nit beschehn/ Wer kā nur ergründẽ/ wie die bůchstabẽ erfūdẽ sind wordẽ/ dañ allein durch Götlich vnðrichtūg? Dañ es hat Gott gůt gedeucht/ dz wirs küntẽ/ Also hats auch ð mensch gelernet.

So also Got seine wūderwerck gschaffen/ vñ dz der mensch sie sol erkeñen/ so hat er auch ein schůl geschaffen/ auß deren wir lernen/ die nit eim jeglichen sichtbar ist/ oð verstendig. Der fischer fahet fisch/ tausent klaffter tieff im wasser/ die er nie gesehen hat. Der Ertzman bringet gold/ vil hundert klaffter auß der erdẽ/ in die er nit sehẽ kā/ Also hats Got gelert.

So nun nichts ist so heimlichs/ das nit geoffenbaret werde/ so můß dasselbig herfür/ Es sei im himel des firmamẽts/ im Meer/ in der erden/ Alle ding müssen offenbar werden/ aber durch den menschen der alle ding erfindt Wer wil jetz den ersten leermeyster zeygen/ vnd mit dem finger auff jnen deuten/ dieweil er nicht auß Adam ist? Vnd aber im selbigen wircket/ vnd durch jn laßt herfür kommen in seinen geschöpffen/ alles was in jm ist/ er lernets.

Zu beschreibẽ die leuff diser welt/ so in 24. jarn verlauffen

mos trabajar en armonía y buscar la paz tanto dentro de nosotros mismos como con los demás. Pues, ¿qué ganamos al dividirnos y enfrentarnos unos a otros? Todo lo que nos rodea es pasajero, y el tiempo no se detiene para nadie, mientras la muerte, como un gusano, nos carcome desde dentro.

Qué afortunados seríamos si viviéramos en un mundo donde el Cielo y la Tierra estuvieran en completa armonía. Pero como esto no es posible, se nos han dado señales en el Sol, la Luna y las estrellas para que podamos reconocer las advertencias y corregir nuestro rumbo. Estas señales no son eternas, y aunque nos parezcan evidentes, en realidad sólo muestran un camino que debemos recorrer. Feliz es aquel que, al ver estas señales, se mantiene firme y no teme a las pestes ni a los juicios de Dios que asolan a los pecadores. Pues llegará un día en el que todos seremos llamados a rendir cuentas.

Que cada uno mire en su interior y examine su conciencia, para ver si conoce verdaderamente a Dios y si es capaz de soportar las pruebas que se le presenten. No todos lograrán vencer, pues algunos encontrarán que sus propios fallos son insuperables. Y por eso, es un gran engaño el que el ser humano se crea capaz de superar aquello que no es posible vencer.

Así, existen 33 artículos elevados, a los cuales todos deben atenerse. Éstas son leyes que caerán sobre la humanidad en su debido momento, y que nadie podrá eludir, sino que deben enfrentarse con absoluta humildad.

Reflexionemos bien sobre los medios y recursos que tenemos a nuestra disposición. Pues así como un golpe puede hacer que los hombres tiemblen y se dobleguen, también el

werden/ist kläglich gnůg/daß der mensch sich selbs so girig gemacht hat/vñ sich selbs so gar verfürt vñ übersehen/dz nit möglich sein mag/dz seine tag nit gekürtzt werden/vñ dz der mēsch so gar vergessen hat Gots seins Herrn/vñ so gar nicht nach jm lebt/das ist ein vrsach die da erfordert/zubetrachtē die heimlicheyt die da anzeygē die zeychē in Soñ/Mon vnd Sternē/auch zubetrachtē die jamer des volcks vff erdē/die sie einãder selbs vflegen/dz je keins dem andern die Sonnen vergündt. Aleyn ein eynig zal ist/in der wir vff erdē sollen wandlē/das ist/Eins/vñ mehr sollē wirt nit zelen/Gotheyt hat drei/weicht aber võ den dreien in eins/Also wir menschē so Got in d̄ zal/eins/sich endert zuzelē/Also wir menschē vff erden/dergleichen in eins/vñ in dasselbig eins vns ergeben/vñ sein sollen/In der zal ist rüw vñ frid/vñ in keiner andern mehr/was mehr ist/da ist vnrüw/zanck/je eins wider das ander/Deñ so ein Rechner ein zal setzt/vnd zelet mehr denn eins/wie vil sind der häupter/wie weit ist die zal/Das ist die not vnd der wurm/der vns naget.

Wie frölich vñ gůt ists/so wir in eim wãdlen/Der Himel hat auch seiñ lieblichē lauff in d̄ zal/die erdē vñ alles/so aber das nicht ist/so werdē zeychē in Soñ/Mõ/Stern/billich die fürzuhaltē/Noch ist aber kein end/ob gleichwol die zeychen für sind/das elend faht aber erst an. Selig ist der/der da nit sitzt vff dem stůl der pestilentz/vñ bei den sündn nit wonet/Dañ sie werdē heimgsucht/Es mag ein jeglicher in jm selbs bei seim gewissen erkeñen/der da wid̄ Got ist/dz er nit bestehen mag/vñ jn nit überwindē mag/es ist hart wid̄ jn streitē/niemand gewindt/Darum̃ so ist es ein grosse torheyt/dz sich der mensch wid̄ das stelt/das nit möglich ist zu überwindē.

Also befinden sich xxxij. artickel/die höher nit fliehen mögen/dz sie fallen müssen in der zeit/vñ gar auß/gar ab/in alle

demůt

tiempo será su juez y llegará el momento de rendir cuentas. Pero el orgullo y la vanidad que nos invaden suelen impedirnos ver lo que está por venir. Aquellos que se preparen y no se dejen llevar por la soberbia podrán acercarse a la verdad. El rebaño debe seguir a su pastor en unidad y armonía, pues de lo contrario caerán uno tras otro.

Cuán vano es todo esto, cuán insignificante resulta al final. Entonces, el aceite de la virtud correrá por la barba de Aarón y la bendición descenderá desde lo alto; sólo así, la gracia de Dios se derramará sobre nosotros.

En el cielo no hay llanto, ni tampoco en la luz pura, libre de tinieblas. ¿Por qué entonces debería haber en nosotros orgullo o envidia? Toda arrogancia debe caer, y sólo un reino debe prevalecer. Mucho se ha dicho a lo largo de los años sobre los cambios del mundo, pero ahora las señales son más claras y su operación ha comenzado. No es el fin aún, pero ya ha empezado; es el tiempo de las naciones (*Tempora Nationum*) que se acercan a su fin, y con ello, los justos serán también puestos a prueba, como es debido.

Nadie debe permanecer ignorante ante esto, pues aquellos que están en comunión con Dios lo entenderán. Los demás, aquellos que no lo ven, deberán reconocer su error, arrepentirse y volverse hacia Él. Así se estableció la Cábala para los sabios y la astrología para los iniciados en la astronomía, aunque muchas cosas permanecen ocultas y sólo nos son reveladas cuando ya han sucedido. Cada persona debe saber que Dios obra como Él quiere, y que el que no se convierta será juzgado, redimido por quien lo domina.

Por esta razón, los hechos se manifestarán ante nuestros ojos, y lo que es inevitable sucederá. Que nadie busque obs-

demůt gebracht/vñ das mittel vil elend/Deñ wie ein schlag werden sie sich krüm̃en vnd biegen/biß das end kompt/wer wil aber darum̃ trawrig sein/so sich nähert die erlösung võ allem übermůt vñ hoffart/Wer wirt sich nit frewen/dz wider die zal/Eins/der hirt sol werdẽ/vñ in Ein/die wonsig segen/Wie růwig wirt es sein/so souil nit zuzelẽ not wirt sein/da wirt deñ die edel salben in den bart Aaron rinnen/segen von oben herab/als dañ wirt der segen von Gott außgehn.

So im Himel kein weynen gewesen ist/im abstossen Lucifers in den abgrũd der hellen/warum̃ solt es dañ vns beleydigen/so seins gleichen hoffart fallen wirt/damit nur Eins vñ nit mehr in eim Reich sei? Es ist vor vil jaren gesagt worden/von verenderung der welt/Aber nun die zeychẽ verkündet/die dañ nun den anfang geben/aber in der operation ist noch kein end/waren nur anfäng/es ist aber jetzt die zeit/(Tempora Nationum) daß sie zum end gehn werden/damit vñ auch der gerecht nit verfůrt werde/můß d' bruch gschehẽ.

Mir ist niemandts wissen/wen jm Got fürnimpt/alleyn vnerkendt derselbigen all/wirdt die Prognostication fürgehalten/andere müssens baß erkennen dañ ich/auch verstehn wen sie berůren/also hats die Cabalistica geben/ein můtter vñ anfengerin der Astronomy/So heimlich aber lauffen die ding/dz sie gar blind vor vns sind/biß sie geschehen sind/deñ ein jeglichs sol das wissen/daß Gott nit wil/vff das sie nit bekert werden/vñ von jm erlößt/von dem das über sie geurtheylt ist/Darum̃ werden die ding mit sehenden augen gesehen/vñ nit gesehen/Es sol auch niemandt kein argkwon/gewiß setzen gegen niemandts/sondern das end alle ding zeugen lassen/Vil sagen vñ schreiben/ein jeglicher nach seinem vermögen/Was andere also auch gemacht haben/wil ich nicht verwerffen/dañ der vorbotten sind vil/so solche Monarchey zergehn sol.

taculizar lo que ha de venir; el fin llegará para todas las cosas en el momento adecuado. Sólo nos queda escribir y registrar lo que sabemos, cada uno según su capacidad, sin intentar invalidar lo que otros han hecho. Porque lo prohibido es abundante y tales herejías serán finalmente eliminadas.

PROFECÍAS Y VATICINIOS

Cosas pasadas, presentes y futuras.

Historia y destino de los altos
y bajos estamentos.

Para consolar a los justos y advertir y prevenir
el mal hasta el final/revelación.

A saber:
Del Doctor Paracelso / Johan Liechtenberger /
M. Joseph Grünpeck / Joan. Carionis /
De las Sibilas y otros.

Contenido presentado en índices /
expuesto / y señalado mediante figuras.

PRIMERA FIGURA
Pronóstico

Lo que está oculto en el interior será reconocido por sus señales externas. Así lo indica la naturaleza y también la magia, cada cual a su manera. Así, has sido marcado como un devorador, alguien que consume sin medida en sus tratos.

Dichoso aquel que permanece libre de mancha. No dejas a nadie que se te acerque en paz; la magia te ha observado y te ha dado lo que se ajusta a ti con la mano derecha. Pero aquellos que sólo prestan atención a la apariencia y no a los signos, se equivocan. Así, te atrae cualquier cosa que te llame, buscando en ti la apariencia y no la belleza interior.

Das eyn ding inwendig ist/das würdt durch
sein zeychen außwendig erkent/also zeychnet die
Natur die jren/vnd die Magica die seinen auch/
Also bistu bezeychnet worden/ daß du ein Fresse
rin bist/ eynes yeglichen/der dich im handel hat.
Selig der/der vnbefleckt von dir ist/Dann du
laßt niemandts rüwig bei dir/die Magica hat
dich wol betracht/ vñ dich mit deinem rechten be
gabet/daß man aber auff dem schöne acht hat/
vñ nicht auff die zeychen/ darumb frissestu/was
dich anrüret/dann dein hüpsche/vnnd nicht die
froñkeyt/wirdt bey dir gesucht.

Eyn

SEGUNDA FIGURA

Doctor Paracelso

La flor crece hasta la altura que le ha sido destinada. Aquel que favorece su crecimiento y le ha permitido verdear, la ha destinado también a marchitarse. Lo mismo ocurrirá contigo. La magia te ha embellecido con sus dones para que se te pueda admirar. Así como surgiste, serás reducida a la nada.

Mírate, pues, y reflexiona sobre lo que fuiste antes de que la magia te reconociera y te comparara con una simple flor, hermosa hoy, pero que mañana yace marchita. Con sabiduría y temor de Dios deberías mantenerte firme; sin embargo, te has dejado llevar por la vanidad, y tu propia sabiduría ha sido tu perdición.

Ein blům die wechßt in das höchst/zu dem sie verordnet ist/der sie auff das höchst fürdert/ vnd grűn laßt werden/der derret sie auch auß/ Also beschicht dir auch/ Dañ Magica hat dich darumb damit gezieret/daß mañ dich sol erkennen/wie du auffgangest/auch wider zu nichten werdest/ Dañ ehe du vnd vor dē du warest/ hat dich Magica erkennet/vnd dich drumb einer blůmen vergleicht/die heut hüpsch ist/morgens ligt sie verdorret. Mit weißheyt vnd forcht Gottes soltest dich erhalten haben du hasts aber übersehen/dein eygen weißheyt hat dich verfürt.

In

TERCERA FIGURA

Pronóstico

Has sido colocado en un entorno favorable, pero no lo has reconocido ni te has dejado guiar por él. Tu arrogancia te ha apartado del camino y te ha hecho daño a ti mismo, de tal modo que ya no puedes enorgullecerte de haber soñado con grandes cosas para ti. Por eso, serás humillado y volverás al hombre viejo.[4]

Podrías haber sido útil y valioso para todo el mundo y, como muchos otros, cumplir con tus deberes. Sin embargo, tu orgullo te ha engañado, y tus deseos de antaño y vanas ambiciones te han consumido y destruido. Ahora te encierras en ti mismo, pero nadie buscará ayudarte en esta situación.

---

4. Véase *Romanos* VI-6: «que nuestro viejo hombre fue crucificado juntamente con él, para que el cuerpo del pecado sea destruido, a fin de que no sirvamos más al pecado».

Jn ein gůte růw biſtu geſeſſen/du haſt ſie aber nicht erkeñt/vnnd dich in der bewegen laſſen/Dein übermůt hat dich vmbkert/vnd dich ſelbs getheylt/magſt dich nimmer rhůmen/das in dir zu rhůmen war/Darumb wirſtu gedemůtiget/vnd wider in dein alt weſen kommen/Du hetteſt wol mögen der gantzen welt hülflich vnd nützlich ſein/vnd wie du/auch andere erledigen/aber dich hat verfůret/daß dein altuatter vnd vrany verworffen/vnd vernichtet haben/Doch wirſtu in dich ſelbs gehen/Aber niemandts wirt ob dir erfrewet.

Du

CUARTA FIGURA

Doctor Paracelso

Te han asignado deberes a diestra y siniestra, como si debieras ser apretado y comprimido desde ambos lados. Esto te causará angustia, y el odio podría incluso desbordarse dentro de ti, como si una cuerda se tensara hasta el punto de romperse. Una meretriz, que sólo hace el amor por dinero, dispone de un tiempo para ello. Pero ¡ay de ella!, un día su vergüenza será pública ya que está demostrado que no hay amor sin dolor. En algún momento la cuerda cederá, pero ¡ay de ti si se rompe en un momento inoportuno! Así se cumpliría lo que se ha profetizado: no habría amor ni compasión en tu camino.

Aunque te has esforzado mucho y te has convertido en líder, sobre ti ha recaído una gran responsabilidad. Y ahora, te convertirás en un engranaje de este mecanismo, aunque no estés acostumbrado a ello. Sin embargo, tendrás que aceptarlo, tragarlo y consumir lo que se te ha asignado, por difícil que sea.

Du hast die pflicht getheylet inn lincks vnnd rechts / Als ob dir nyenen gepresten soll / beyd werden dich engsten / vnd der haß würdt dich gar übergehen / dañ eyn Hůr bůlet gespalten / es würdt jr eyn zeit nachgeben / aber wehe jhr / so jr dück añ tag kommen / so würdt war werden: kein lieb on leyd / Wiewol du dich groß gefrewt hast / vnd bist on ein haupt / ein haupt wirdt dir auffgesetzet / vnd du müst eyn glid werden / wie wol du des nit gewont bist / aber über dein willen můst du schlucken / vnnd essen das du dir nit zůgeeygnet hast.

B

QUINTA FIGURA

Pronóstico

No has respetado la sabiduría de tu corona; en lugar de ello, te has apartado del trono con mucha arrogancia. Sobre ti caerá una piedra que te aplastará contra tu voluntad, de manera dura y severa, porque has derramado sangre de manera injusta y no has reconocido lo que debías reconocer: que una corona implica responsabilidad.

Despreciaste aquello que te fue dado y ahora serás perseguido desde el mediodía hasta el amanecer. Antes de que el tiempo avance dos años, tu refugio será inútil y, si te asocias con quienes te atan, ellos mismos caerán.

Du hast nit die weißheyt deiner kron gehabt/ sonder dich wider der kron art gericht/vil args volbracht / es würdt über dich fallen ein steyn/ der würdt dich knitschen / wider deiñ willen/ gar hart/dann du hast vnbillich blůt vergossen/ vnnd das nit erkendt/das du erkennen solt/das ist/das eyner Kron zůgehört/Den du veracht hast würt dich heymsůchen von Mittag vnnd von Auffgang/ ehe du zelen wirst/noch zwey oder drei / vnd dein zůflucht würdt dich nit helffen bei denen dich verbindest / dann sie werden selbs fallen.

Dem

SEXTA FIGURA
Doctor Paracelso

Tu sabor es demasiado fuerte, no es agradable ni saludable para nadie y ésta es la razón por la cual tus enemigos, aquellos a los que tú has perjudicado, te cubren de sombra y de brumas a fin de templarte, para que no nazca de ti ningún fruto, en contra de tus esperanzas. Y un día cederás ante alguien a quien no conoces. Al principio eras valiente, actuaste con la grandeza de un héroe, pero esta actitud te ha separado de tus compañeros y lo mejor no pertenece a la división. Sin embargo, conservas una buena reputación y una victoria, pues has logrado conocerte a ti mismo.

Dein geschmack ist starck/nit einem jeglichen gesund vnd angenem/darumb werden dir deine feind/den du nit gesund bist/ eiñ schatten machen/vnd dich verdempffen/ damit du temperieret werdest/vnd nit als du meynst/dein frucht von dir wachs/dann du wirst müssen weichen einem den du nit kennest/Im anfang bistu gar kün gewesen/vnnd dich als ein Held erhaben/ dein fürnemen aber hat dein gesellen zertheylt/ vnd was zertheylt würt/das hat nichts bestendigs/Doch wirst du ein lob behalten/vñ eiñ sig/ dann du hast dich selbs erkendt.

B ij

SÉPTIMA FIGURA

Pronóstico

Dado que eres terco y obstinado, esto te ha predestinado a estar rodeado de muchas miserias. No te has examinado a ti mismo, como quien está atrapado en una piedra y modelado en la escasez, según la magia. Conoces al que te lleva, y por eso caes en la pena, que ha roto a todos los reinos. Si fueras sabio y comprensivo, y te valoraras a ti mismo, te habrías evitado el infortunio; habrías ganado más reinos que otros. Ellos te dejan un espejo, pero no; por eso tu sabiduría es algo efímero para el momento.

Darumb daß du ye vnd ye/eygenwillig gewesen bist/das hat dich predestiniert/daß du mit vil ellend vmbgeben würst/Dann du hast dich selbs nit betracht/wie du in eiñ stein feyßt vnnd mager prefiguriert bist/auß der Magica/Du kenst aber den nit/dañ darumb so fallest du inn die straff/die alle reich zerbrochen hat/Werestu witzig/vnd verstanden/als dich selb achtest/du werest dir vor dem vnfall gewesen/hettest ander reich mehr dann dich/dir lassen ein spiegel sein/Aber neyn/darumb ist dein weißheyt eyn thorheyt/auff die zeit.

Wer

OCTAVA FIGURA

Doctor Paracelso

¿Quién es aquel que sabe para quién brilla el Sol, y a quién será dado aquello que el hombre es incapaz de tomar por sí mismo? Esto está en las manos de Dios, y Él lo da a quien quiere. De esto se sigue que el hombre va por caminos opuestos sin saberlo. El momento llega en el que debes detenerte y contemplar tu fuerza, tu alianza, tu poder. Todo aquello que has puesto en ti mismo te llevará al suelo. Engañándote a ti mismo, engañarás a los demás y serás para ti mismo objeto de piedad.

Wer ist der / der da wisse / wem die Sonnen scheinet / oder das geben würdt / das dem menschen selbs zu nemē nit müglich ist: Darumb so es in Gottes hand stehet / vnnd er gibts wem er wil / auß dem volgt / daß der menschen gegenwehr vmb sonst ist / dañ die stund ist da / inn der du auffhören solt / vnnd das vnangesehen / dein stercke / dein bund / dein macht / dañ alles das du inn dich verfassest / das würdt mit dir zu boden fallen / vnd du würst dich vnd andere verfüren / vnd dich selbs erbarmen.

B iij

NOVENA FIGURA

Pronóstico

Aunque Dios ya haya decretado para ti que los demás te teman y huyan de ti, también se ha dispuesto un bastón que, en el momento adecuado, golpeará tu espalda para que no puedas soportarte a ti mismo. Y la gente dirá con asombro: «¿Quién hubiera pensado que acabaría así?» Habría sido mejor para ti mantener la mesura y con lo que ahora tienes ante tus ojos pensar en esto como suficiente. Pero recuerda el final; hete aquí paralizado, rechazado hasta el punto de hacer aullar de dolor a los tuyos y a ti mismo.

Ob dir schon Gott verhengt hat/ daß mann dich fürcht / vnd ab dir scheucht / so ist dir auch ein rütlin verordnet / die zu der zeit deiñ rucken abschlahen würt/ dz du nit vermagst dich selbs ertragen/ vnd man würt sagen in eim verwundern: Wer hett gemeynt/ daß der also solte gestilt werden? Es were dir wol angestanden/ maß zuhalten / vnd nit was jetzo vor augen ist/ also zusein vermeinen/ sonder bedencke das end das würt dich erlåmen/ vnd erkrümen/ das du vnd dein anhang mit schmertzen einander werden klagen.

Dein

DÉCIMA FIGURA

Doctor Paracelso

Tus ropas no son de gala; la magia revela tu corazón y te da a conocer. Como el oro y la plata, has de ser purificado de tus manchas y probado más de siete veces,[5] con más pruebas de las que el fuego purifica la plata de sus escorias.[6] Si te observas a ti mismo, verás que, aunque tus comienzos fueron humildes, tus vecinos te han elevado. Y si ellos hubieran colocado más esfuerzo en ti, entonces habrías superado tus propias capacidades. Pero eso te es exigido por alguien más, pues tu pasajera fortuna mal asegurada pertenece a otro.

---

5. Véase *Salmos* XII-6: «Las palabras del Señor son puras, son como la plata refinada, siete veces purificada en el crisol».
6. Véase *Proverbios* XXV-4: «Quita las escorias de la plata, y saldrá vaso al fundidor».

Dein kleyd ist nicht hochzeitlich/ die Magica hat dein hertz dadurch eröfnet/ vnd hat dich zu erkennen geben / darumb wie gold vnnd silber/ müstu von maculen gereynigt werden/ vnd probiert mer dann siben mal / strenger dann durch das fewer gold vnd silber vß seinem schlacken/ so du in dich selbs betrachtest wie dein anfang war/ da dich auffzugend deine nachbaurn/ vnd dir zuuil handreychung theten mer dann dir gebürt/ hast dich selbs übernommen/ das würt von dir erfordert Dein zergencklich reichthumb gehört einem andern zů.

Ob dir

UNDÉCIMA FIGURA

Pronóstico

Aunque el Sol te haya iluminado una vez y te hayas sentido bien alimentado y seguro, sentado en la miel, no has considerado sabiamente el final, y has olvidado el invierno. Así, él te quita tu confort y te lleva a un punto donde tienes que chuparte tus propias garras. Porque actuaste como los osos y ya no tienes más razón que ellos, la magia te tiene atrapado en sus redes a fin de que se reconozca que eres parecido a ellos. Pero si hubieras sido inteligente como un hombre, el invierno no te habría sorprendido.

Ob dir schon die Soñ ein mal geschinen hat/ vnd hast dich wol angemöst vnd besacket / vnd sassest im honig weben / Daß du aber nit als eyn weiser das end betracht hast / vnd des winters vergessen/ darumb so nimpt er dir dein wollust/ vnd würt dich dahin tringen/ daß du dein eygen clawen müst saugen / Darumb so du Bern art bist / vnnd weitter kein vernunfft hast / hat die Magica dich selbs erstlich in das garn geiaget/ damit du erkendt werdest dē selbigenn gleich/ Werest aber witzig wie ein mensch / der wintter hett dich nit überfallen.

Ob sich

DUODÉCIMA FIGURA
Doctor Paracelso

Por sólidamente que uno se instale, no hay asiento que no pueda hundirse con aquel que se halla en él y tú, que te has instalado a ti mismo en esta silla, aunque no sea tu lugar, deberías estar abajo y no arriba. Serás echado de ella, pues eres una molestia, un fardo pesado y un yugo insoportable. Por eso S. P. caerá. Te instalaste encima de él y obtuviste el pago y la recompensa que buscabas: honores y alabanzas temporales. Los has acumulado y tragado como ocurre con las cosas temporales, esa es la razón por la que tú también has de desaparecer.

Ob sich schon einer wol setzet / vnd aber kein
stůl ist der nit fallen müg / auch der so auff jhm
sitzet / vnd du setzest dich hinauff / aber du gehö-
rest nit darauff / du solt vnden sein vñ nit oben /
So wirst von dannen gesetzt / dann du bist eyn
bürde vnd joch / das zutragen nit gebüren wil /
darumb felt S.P. Du hast dich auff jn gesetzet /
also hat er dich bezalt / vnd dir die belonung ge-
ben die du gesucht hast / zeitlich ehr / lob / vnd die
all in dir gesamlet vnnd in dir verschluckt / Wie
zeitlich ding / also du auch zergehen müst.

C

DÉCIMOTERCERA FIGURA

Pronóstico

Demasiada bondad es tan mala como demasiada maldad. El necio desprecia lo bueno y, con su arrogancia, se lanza de cabeza hacia su propia perdición. Como emprende caminos erróneos, pronto le sucederá lo mismo que a la hierba silvestre; cuando crece donde no debería, se corta y se echa a un lado.

Si eres prudente y reflexionas sobre el final, verás tu miseria y te conocerás a ti mismo. Pero, si te obstinas en tu injusticia, recogerás los frutos amargos y el destino que has elegido te alcanzará, mientras que tu sabiduría se convertirá en objeto de burla.

Prognoſtication

Zu vil güte/gibt zu vil args/ ſo der arg die güte verachtet / vnd ſein thorheyt laſt jn auff ſteigen in ſeinem fürnemē/ aber er ſteigt den vnrechten weg / ſo würdt jm gleich geſchehen als dem graß/ ſo es zeitig iſt/ ſo thůt mans dahin es gehőret/ mañ mähts ab / Wereſt du aber fürtrechtig vnd gedächteſt das end / ſo würdeſt dein ellend ſehen / vnd dich ſelbs erkennen / Aber nein / alſo wilt du es/ alſo nimpt es ſeiñ lon / alſo ſein ende/ wie du es geſucht haſt/ vnd dein weiſheyt wirt dir zu ſpot kommen.

Zu vil

DECIMOCUARTA FIGURA

Doctor Paracelso

Demasiada generosidad acarreará amargura y nos perjudicará, ya que si está mal aplicada, seremos vencidos con nuestras propias armas. Estos dones excesivos te han hecho orgulloso, pero el orgullo no dura mucho tiempo y no irás más lejos. Entonces todo cambiará y no tendrás nada. Sin embargo, si hubieses considerado debidamente que nadie debe actuar contra los pobres y si hubieses comprendido también que tu propia libertad molestaba a la del vecino, no lo hubieras hecho. Pero tu propio corazón te ha extraviado y ha tomado por sabiduría lo que manifiestamente era arrogancia.

Zu vil auß der hand geben / bringet eygen jammer vnd not / dañ ſo es mißrat / ſo wirt einer mit ſeinem eygen waffen geſchlagen / darumb daß ſolchs zuuil außgebẽ / dich hat in hoffart bracht / ſo hat hoffart ein zeit vñ termin / dahin vnd nit weiter ſo ſolches gehet / das alles zeriſſen wirt / vnd mûſt nichts mehr haben / aber hetteſts betracht daß ſich keiner ſoll ſetzen wider die armen / auch dein freiheyt wider den nechſten zu ſeinerkant / ſo hetteſt vnderlaſſen / aber dein eygen hertz hat dich verfûrt / vnnd dein weißheyt offenbar zu einer thorheyt gerechnet.

C iij

DECIMOQUINTA FIGURA

Pronóstico

No hay nadie que sea tan bueno que no pueda llegar a ser malo si alguna vez ocupa un cargo importante. Una situación así produce un orgullo que no engendra nada bueno. Por esta razón, una cabeza será colocada sobre ti ya que serás obligado a ser un miembro bajo esta cabeza, aceptando la presión y sirviéndole de soporte con los otros miembros. Es bastante elevada, pero serás colocado bajo otra cabeza todavía más alta, debes entenderlo; te encontrarás con un jefe al que no esperabas y actuarás con docilidad. Sin embargo, durante tu sueño, se hará la unidad.

Nichts ist so gůt das nicht müge so arg auch werden/weñ es je on ein haubt ist/ On ein haubt sein gibt hoffart/die gebirt nichts gůts/darum̃ so wirt ein haubt gelegt auff dich/daß du můst vnder dem haubt ein glid sein/vnd dich trucken lassen/vnnd das haubt mit andern glidern tragen/ Es ist hoch gnůg/aber noch höher würdests vnderstan/Dir werden begegnen/der du dich nit versehen hast/vnd dein grosser rath vrsachen in ein zerrüttung/aber so du schlaffest würt die eynigung geschehen.

Ein

DECIMOSEXTA FIGURA

Doctor Paracelso

Un niño va a la escuela y se instruye, pero en la madurez se avergüenza de su trabajo pueril y lo destruye. Esto es lo que te ocurrirá: ya que escribes de un modo pueril, tu propio trabajo carecerá de valor. Además, mucho trabajo habrá sido hecho en vano y para nada. En efecto, el tiempo enseña que todo lo que es presentado como una perla no es necesariamente una perla auténtica. Por esta razón, una mano caerá sobre ti y te reducirá a fragmentos.

Ein kind das gen schůl geht/vnd lernet/so es
kompt zu seim alter/so schempt es sich seiner kin
dischen arbeit/vernichts/Also wirt dir auch ge
schehen/so du schreibst in solcher gestalt/so wirt
dein eygen arbeyt nichts/das wirdt ein vrsach
sein/daß vil vmb sonst vnd vergebens gearbeyt
wirt/dann die zeit lernet vnd gibt erkandtnus/
daß nit alles ein pärlin ist/das für ein pärlin
fürgeben wirt/darumb wirt inn dich fallen ein
hand/die dich zerreissen wirt wie ein fetzen.

C iij

DECIMOSÉPTIMA FIGURA
Pronóstico

Quien construye una casa debe también protegerla, para que, cuando venga el enemigo, no la destruya. Quien la destruye también debe vigilar sus ruinas para que no se reconstruya, evitando así que ambos sean objeto de burla por su necedad. Así, lo que ha sido destruido y vuelto a construir es obra de los seres humanos, que no consideran el fin de las cosas, sino que siguen levantando, construyendo y reconstruyendo, olvidando que han sido advertidos de su fragilidad. Sin embargo, todo es aún frágil, ya que no construiste sobre la roca, sino sobre la arena.

Der ein hauß bawet/ der soll es bewaren / so der feind kompt daß er es nit zerstör/ Der es zerstöret/ soll auch bewaren sein zerstören/ daß es nit wider gebawen werde/ damit daß beider thorheit nit verlacht werden/ also / was zerbrochen ist/ wider gebawen wirt / das machet der menschen kinder / so sie das end nit betrachten / richten auff/ zierend auff/ butzen auff/ vergessen daß der gebrechung vnderworffen ist/ vnnd widerumb werden auffgericht/ noch ist es alles zerbrechlich / auch setz es auff keiñ felsen/ alles im sand.

Der

DÉCIMOCTAVA FIGURA

Doctor Paracelso

El águila no saldrá de ti, por lo que enviará sobre ti un viento que os sofocará a ti y a tu progenitura. Aunque las cosas funcionen por sí mismas, tú te dirás a ti mismo: mi alma, tienes todo lo que has querido y deseado. Estás sentada encima del paraíso. Cuando creas que todo es para ti y nada está contra ti, el diluvio te sorprenderá en medio de tus grandes reuniones y de tus orgías a fin de que no te creas que estás sentado en el paraíso. El áspero viento del sur te barrerá como si fueras una brizna de polvo. Pues no fuimos creados para la alegría y la riqueza, sino en un valle de calamidad y lágrimas,[7] y esto lo has olvidado.

---

7. Expresión tomada de *Salmos* LXXXIV-6: «atravesando el valle de lágrimas lo convierten en fuente, cuando la lluvia llena los estanques».

Der Adler wechst nit auß dir / darumb wirt
er eiñ wind in dich schicken / der dich vnnd deine
jungen demmen würt / ob es schon wol gehet /
für sich geht / vnd redest mit dir selbs: Mein seel /
du hast alles was dich gelust vnd begerest / das
dir nit werden mag / Du sitzest im Paradeiß / so
du meynst es sei also bei dir / vnnd nichts wider=
wertigs / in den grössesten deinen rathschlägen
vñ freuden wirt die sindflut in dich fallen / vnd
der rauch Mittag wind würdt dich verblasen
wie eiñ staub von der erden / dann nit in wollust
vnd reichthumb hat vns beschaffen / Sonder in
das Jamerthal / vnd tal der trübern / das hast
du vergessen.

Du

DECIMONOVENA FIGURA

Pronóstico

Estás saltando alegremente en tu jardín y te sientes muy satisfecho de ti mismo, pero como te has apartado de la sabiduría y sólo sigues tus caprichos y tu placer, calculas mal tu salto. Cuando caigas a tierra, aquellos que deberían salvaguardar tu paz, te atraparán y te obligarán a saltar de nuevo. Pero si reflexionaras sobre ti mismo y consideraras la vanidad de las cosas humanas, llegarías a verte transformado y te salvarías de la miseria que encuentras a diario. Recuerda que el orgullo y el desorden nunca llevan a un final feliz.

Du ſpringſt in deinem garten/vnnd gefälleſt dir ſelbs wol/daß du aber weißheyt übergibſt/ vnnd geheſt deim luſt nach / legeſt dein ſpringen übel an / darumb wirt es dir gon wie du da ligeſt/ vnd die dein rüw ſolten ſein / werden dich hetzen/vnd dich in ſprüng zwingen/ aber bedencke dich ſelbs / vnd betracht daß menſchen ding eitel iſt/ſo würdeſt dich gar vmbkeren vnd dir ſelbs vor vnfall ſein in dem du täglich gehſt/Gedenck/dz übermüt / böß ordnung/ nie mit gütem end beſchloſſen ward.

Ein ding

VIGÉSIMA FIGURA

Doctor Paracelso

Una cosa se mantiene bien mientras se la sostiene, pero cuando únicamente la sostiene el hombre, llega un momento en el que necesariamente acaba dándose la vuelta. Del mismo modo, el hombre llevará a la sabiduría a la Tierra y la integrará en ella, de donde ha salido, para dejar lugar a otra sabiduría, pues la sabiduría humana no puede durar. Es parecida a una flor del campo, agradable y satisfecha de sí misma, pero la flor no dura demasiado tiempo y la sabiduría humana menos aún. Está dicho: «el tiempo trae las rosas»,[8] pero también las marchita. Es lo que te ocurrirá a ti, porque sólo te apoyas en ti mismo.

---

8. Curiosamente se trata de un proverbio portugués.

Ein ding stehet auffrecht so lang man̄ es erhalten kan / so aber der mensch allein hebt / so müß zu seiner zeit das oberst zu vnderst kom̄en/ Also wirt der mensch sein weißheyt gegen der erden stellen/vn̄ in sie vergraben auß der sie kommen ist/vnd einer andern weichen/Dan̄ ein mal mag menschen klůgheyt nit bestehn/sie ist gleich den blůmen auff dem feld/lieblich/vnd gefellt jr selbs wol/Aber die blům bleibt nit/noch vil minder der menschen klůgheyt. Man spricht/die zeit bring rosen/sie verwelcket auch wider/also wirt dir auch geschehen/darumb/dz du auß dir selbs bist.

D

VIGESIMOPRIMERA FIGURA

Pronóstico

Cuando regrese la paz y tus guardianes se dispersen y tus sabuesos estén cansados y agotados, serás afligido en tu propio nido con tus polluelos y serás obligado a ceder ante aquel que pensabas debería ceder ante ti: tendrás que abandonar tus huevos y tu nido. Tú y los tuyos caeréis en la trampa que habías extendido a los otros, nunca volverás a ser lo que fuiste antaño y tus hijos no sabrán quiénes fueron sus antepasados. Tu enemigo vestirá tus atavíos y te despreciará.

So jm die rů kommen wirt vnnd dein wart wirt zergon/ vnd dein leyb vnd gemůdt vnd erlegen/ als dann wirst du heimgesůcht in deinem eygen nest/ mit deinen jungen/ vnd můst weichen dem den du dir zu weichen vermůtet hettest/ vnd also dein eyr vnd nest verlassen/ Also wirt dir begegnen/ das du vnd die deine in̄ strick fallen werden/ den du andern gelegt hast/ vnd nimmermehr würdest derselbig der du warest/ vnd deine kinder werden die nit/ die jr vordern waren. Dein kleyd würt dein feind zieren/ vnd dich verachten.

Ob du

VIGESIMOSEGUNDA FIGURA

Doctor Paracelso

Aunque tu corazón no se ha revelado por completo, nada quedará oculto eternamente, y todo se hará evidente en su momento. Entonces, quien deba reconocerte lo hará, y verás cómo los humildes vestirán ropajes de hierro y te superarán en tus propias decisiones. Aquellos que son como hierro te recordarán con sangre, y será necesario que pienses en la humildad, ya que no puedes alcanzar el reino de este mundo sin pagar un precio.

Ob du schon dein hertz nit gar entdeckest/ so ist doch nichts das zu seiner zeit verschwigen bleib vnd nit werd geoffenbart/als dann würt dich erkennen/der dich erkennen sol/dañ du hast vnd würdst dich vnderstehn/die weychen in seidin/vnd die herten in eisern kleydern vnder dich zubringen/würdest dencken in deinen rathschlägen: Nun wir mögen nit/das wir wolten/Wer seind die/die vns hindern/ wolher/den linden am ersten/den eisern nachuolgend/aber es wirt dein eygen blüt kosten/gedenck an demütigkeyt/ nit in das reich diser welt/wie wol würt dir werden.

D ij

VIGESIMOTERCERA FIGURA

Pronóstico

Del mismo modo que hay tres personas en Dios que no son sino Una, los hombres también deberían unirse. Cuando esto no ocurre, es fácil verificar que todo lo que estaba dividido perece. De este modo, nadie perece sino por su división interna. La mejor organización de una familia o de un estado confederado, se adquiere cuando estos se comportan como una unidad y actúan de modo que el número uno nunca llegue a dividirse. Porque todo lo que puede ser dividido es inestable y vano, y una parte disputa con la otra. Pero alégrate, porque llegarás a ser uno.

So drei personen seind in der Gotheit/vnnd nur ein zal begreiffen/also sollen die menschen auch nur in einzal kupplet werdẽ/Wo aber das nicht geschicht/da würt erfült: Ein ieglich reich das in jm selbs zerteylt würt/zergeht/Also zergeht kein reich on eygen zerteylung. Die höchst auffbawung eines hauses vnnd büntnus eines reichs ist/daß sie wandlen in ein/vnd dermassen handlen/daß die zal eins nit gespalten möge werden/dann was gespalten mag werden/ist vnbestendig vnd eitel/vnd zancket ie eins wider das ander/aber frewe dich/du würdst eins werden.

Was

VIGESIMOCUARTA FIGURA

Doctor Paracelso

¿Qué pensáis y de qué os sirve aliaros sin considerar que tenéis el espíritu enfrentado al corazón? Considerad, pues, cuán distintos sois exteriormente por vuestros vestidos; lo mismo ocurre interiormente. No deberías comportaros como bestias, sino como hombres. Pues si no lo hacéis, seréis gobernados por aquel a propósito del que se ha escrito: dadle a él lo que le pertenece.[9] No hay ninguna inteligencia animal que pueda durar, sino sólo aquella inteligencia que está ordenada e inspirada por Dios. Esto ocurrirá en el tiempo debido, y destruirá vuestra alianza.

---

9. Alusión a *Mateo* XXII-21: «Dadle al César lo que es del César, y a Dios, lo que es de Dios»

Was ist es / oder was hilfft es euch / daß jr euch verbinden / vnnd betrachtet nit daß jr widerwertig seind / in ewerm gemůt vnd hertzen? Secht nur wie jr gezeychnet seind / außwendig mit ewern kleydern / also seind jr auch inwendig. Nit thierisch sollend jr sein / sonder als menschen / Darumb aber daß jrs nicht seind / wirt euch der herschen der vber euch ist / von dem geschriben stehet : Gebt jm was jm zůgehört / dann kein thierische vernunfft ist bleiblich / allein die bleibt die auß Got verhenget vnd geordnet wirt / die felt zu seiner zeit / also wirt ewer rath zerstört.

D iij

VIGESIMOQUINTA FIGURA

Pronóstico

Una cosa debe ser conocida y comprendida de un modo tan seguro que no quede duda alguna. Sin embargo, como tu ciencia terrestre es errónea e ineficiente en sus previsiones, te has visto estrangulado por tus propias dudas. Pensaste que no necesitabas cerrar con el verdadero sello y que ibas a ser tú mismo un sello. Sin embargo, te equivocaste y no eras aquel que querías ser. Por esta razón, encontrarás una muerte miserable pues no has dejado de vivir en la duda y edificar sobre la arena con los demás. Ellos han llorado y tú llorarás todavía más.

So gewiß ſo warhafft ſol ein ding erkent vñ verſtanden werden/daß gar on zweifel gewißt werde/Darumb aber das/das endtlich wiſſen/ gepreſten vnd mangel gehabt/in deinem fürnemen/darumb biſtu in deinem eygen zweifel erworgt/Du haſt vermeynt es ſei nit not mit dem rechtẽ ſigil zubeſchlieſſen/vñ dein ſelbs einſigel vermütet zuſein/daß du aber vnrecht hatteſt/ vnd das nit wareſt/das du in dir vermeynteſt/ wirt dir eiñ ellenden todt geben/deñ du haſt je vnd je in zweifel gelebt/vnd andere mit dir auff den ſand gebawen/Sie haben geweynet/vnnd wirſt noch mehr weynen.

Die

VIGESIMOSEXTA FIGURA

Doctor Paracelso

La Sibila te ha predicho que, al verte entre las rosas, sabrás que ha llegado tu tiempo y que el destino se cumplirá. El verano que trae las rosas es la estación de los contratiempos donde todas las cosas son divididas, un signo de que lo que fue construido sobre la arena se derrumbara. Te colocarás sobre la roca, para extrañeza de muchos. Así, cuando llegue el tiempo, también llegará lo que causó que el tiempo haya llegado.

Die Sibylla hat dein gedacht/ da sie sagt: Du F vnd allein sichest jetz in der Rosen/ dann du bist zeitig/ vnnd die zeit hat dich gebracht. Was die Sibylla von dir sagt/ das wirt vollendt/ vñ noch mehr wirt von dir gesagt werden. Der Sommer der die rosen bringt/ ist dise widerwertige zeit/ in der alle ding getheylt seind/ das ein anzeygung ist/ daß auff ein sand der mensch gebawen hat das muß zergehn vnd wirt dis auff ein felsen sezen/ daß sich meniglichen verwundern wirt/ Dañ so die zeit kompt so kompt auch mit jr/ das/ darumb sie kommen ist.

Das

VIGESIMOSÉPTIMA FIGURA

Pronóstico

Se ha olvidado que muchas cabezas desean gobernar y que uno solo debe hacerlo en lugar de muchos. Ésta es una causa de la división y dispersión, donde cada uno busca sólo sus propios intereses. Como no se quiere actuar de manera conjunta, sino que cada quien sirve a sus propios fines o a los de otro, las causas de las discordias y divisiones aumentan. Pero si todos se unieran bajo una única dirección, entonces lograrían sus propósitos y los conflictos cesarían. Bajo un líder fuerte, los que fueron purificados a través de largas luchas encontrarían finalmente descanso.

Das vergessen ist wordē/dz vil heupter vbel regieren/vñ daß auch vergessen ist worden/nur eins/nit mehr/das ist ein vrsach daß sie sich gespalten haben vnd zertrennt/ein ieglicher in sein gelegenheyt/Dieweil aber nit gebüren wil/eygen gelegenheyt zusůchen/sonder dienen einem andern/Andern nutz zusůchen/eygen zuuerlassen/das dann in vil nit geschehen mag/auß der vrsachen werden sie nider gelegt/vnnd dem beuolhen ist das einig zusein/würdt den fürgang haben/vnd vnder jm werden sich erfrewen/die lang gepeiniget sind worden vnd getrungen.

Es

VIGESIMONOVENA FIGURA

Doctor Paracelso

No puede haber una paz común, por lo que es vano que los cinco deliberen.[10] Cada uno mantiene su mirada en el futuro y se dividen en dos bandos, avanzando o retrocediendo un poco según sus deseos. Pero si se tuercen y giran como ramas, buscando adaptarse a lo que no les agrada, entonces el consejo no proviene de aquel que observa y es visto con claridad. Si se pensara que en el ser humano no hay sabiduría en absoluto, se apartaría de la rectitud. Así, quedará expuesto a sí mismo, sin cubrirse ni protegerse, y enfrentará su juicio en el día de la tormenta.

---

10. ¿Alusión a los cinco sentidos? En la imagen sólo aparecen deliberando cuatro personajes, no cinco.

Es mag nit ein gemeyn ſtim̃ geben / darumb wirt es vmb ſonſt / daß die fünff rathſchlagen / haben acht vff das zůkünfftig zwey vñ viertzig / vnd ein wenig vor vnd nach wirt er kom̃en / vñ thůn was im gefellt / vnnd euch biegen wie ein zweig / vnd gürten daß euch nit gefallen wirt / dann dein rath iſt nicht auß dem der in dir geſücht vnd vermeynt wirt. Wenn jr bedechten / daß ſo gar im menſchen kein weißheyt iſt ſo er ſich abwirfft / ſo were er im ſelbs dauor / vnd wirfft ſich nicht ab / gedecht an die ſchwere rechnung an dem tag des zorns.

M

TRIGÉSIMA FIGURA

Doctor Paracelso

Te has reunido muchas veces y has acudido con muchos otros, pero el enemigo estaba contigo, por lo que todo lo que planeaste fue en vano. Todo resultó inútil, pues todo quedó encerrado dentro de ti, sin propósito ni valor.

Sólo es necesario que mantengas la distancia y reflexiones en tu interior. Pregúntate: ¿De quién eres? ¿De quién aprendiste lo que sabes? Si te desvías y niegas tanto tu propia identidad como la de los demás, te encontrarás perdido y sin dirección.

Pero si deseas ocupar un lugar que no te corresponde, sentándote en un trono que no es tuyo, esa silla caerá inevitablemente. Por eso, no debes temer el juicio que vendrá hacia ti; porque es tu propia conciencia y tu corazón los que emitirán ese juicio.

Du hast dich offt gesamlet/vnnd vil zusamen kommen/vnd aber der feind war nit bei dir/darumb alle ding in dir beschlossen/vmb sunst vnd vergebens/ Es můß allein sein/daß du abstandest/vnnd in dir selbs gedenckest: Auß wem bist doch/võ wem hastu gelernet/was thettest weñ du abwichest vnd bekandtest dich vnnd andere/ so würdest du auffhören/Daß du aber geren werest/das du nit sein solt/vnnd sitzen in dem stůl S P. vñ derselbig můß fallen/darum̃ so magst in deiñ anschlägen nit fürfaren/dann der wendt dir dein fürnemen/der dein herr ist.

E ij

TRIGESIMOPRIMERA FIGURA

Pronóstico

Se producirá tal renovación y tal transformación, que los hombres se asemejarán a los niños que ignoran toda astucia e intriga de los adultos. En esos tiempos, se verá cada vez menos juicio, aunque con más pretensión de saber.

Por lo tanto, debemos recordar que aunque se respete el tiempo a lo largo de los años, este cambio será breve. Cuando llegue, muchas cosas caerán y se derrumbarán como si fueran arrojadas por un león furioso, que ha crecido en fuerza a lo largo de los años y puede destruir en un instante.

Sin embargo, aunque esta renovación parezca ingenua como la de un niño, resultará en un conocimiento que sólo lleva a una falsa sabiduría y a una ignorancia disfrazada de erudición.

Es mag nit ein gemeyn ſtim̃ geben / darumb wirt es vmb ſonſt / daß die fünff rathſchlagen / haben acht vff das zůkünfftig zwey vñ viertzig / vnd ein wenig vor vnd nach wirt er kom̃en / vñ thůn was im gefellt / vnnd euch biegen wie ein zweig / vnd gürten daß euch nit gefallen wirt / dann dein rath iſt nicht auß dem der in dir geſůcht vnd vermeynt wirt. Wenn jr bedechten / daß ſo gar im menſchen kein weißheyt iſt ſo er ſich abwirfft / ſo were er im ſelbs dauor / vnd würfft ſich nicht ab / gedecht an die ſchwere rechnung an dem tag des zorns.

E

VIGESIMONOVENA FIGURA

Pronóstico

Así sucederá que cada cual será guiado hacia su propio pasto. Pero si se alimenta en pastizales ajenos, eso causará pena y sufrimiento, aumentando la miseria en este mundo. Sólo cuando cada cual vuelva a su establo, habrá unidad. Entonces, aquel que daña su boca alimentándose sólo de sus deseos, buscando lo que le complace a su garganta en tierras ajenas, sufrirá las consecuencias. ¡Qué benditos serían la paz y la pobreza si se mantuvieran en su propio lugar y cada uno permaneciera en su parcela, lejos de la codicia!

Alſo würt es ergehen / daß ein ieglichs in ſein weyd geſürt werde / dann eſſen in frembder weyde/das iſt das jamer das zanck macht/vnnd das ellend in diſer welt / als dann ſo ein ieglichs in ſeinen ſtal kompt/da wirt eynigkeit ſein/dann das maul verderbt es/ daß es graſet ſeinem luſt nach/daß es ſeinem rachen wolgefalle/das alles gehet auß frembder weyd / Wie ſelig würdt die ſtund ſein/vnd die armůt/ſo der kommen würt/ vnd ordiniert es/eiñ ieglichen in ſein matten/nit weit von dem xxxiij.

Du haſt

TRIGÉSIMA FIGURA
Doctor Paracelso

Te has reunido muchas veces y has acudido con muchos otros, pero el enemigo estaba contigo, por lo que todo lo que planeaste fue en vano. Todo resultó inútil, pues todo quedó encerrado dentro de ti, sin propósito ni valor.

Sólo es necesario que mantengas la distancia y reflexiones en tu interior. Pregúntate: ¿De quién eres? ¿De quién aprendiste lo que sabes? Si te desvías y niegas tanto tu propia identidad como la de los demás, te encontrarás perdido y sin dirección.

Pero si deseas ocupar un lugar que no te corresponde, sentándote en un trono que no es tuyo, esa silla caerá inevitablemente. Por eso, no debes temer el juicio que vendrá hacia ti; porque es tu propia conciencia y tu corazón los que emitirán ese juicio.

So gar wirt ein vernewerung werden / vnd verenderung / daß wie die kinder / die da nichts wissen / von den listen vnd rencken der alten / Also zu der zeit / so man zelen wirt lx. ein wenig minder / aber nit mehr / Darumb ist vns wol zu gedencken / dz ein lange zeit / nach menschlichem alter die zeit geacht wirt / aber kurtz sollen wirs achten vnd halten / dann souil fallen vnd niderwerffen / mit einem solichen wütendē brüllenden löwen / der so lang gewachßen ist / mag in einem augenblick nicht geschehen / Aber wie wol wirt dem sein / der so rüwig als ein kindt sein würdt / dann menschen wissen macht nur vnrüw / kummernuß ꝛc.

Du

TRIGESIMOSEGUNDA FIGURA

Doctor Paracelso

Te has esforzado duramente para atraer al mundo la Edad de Oro, por ello deberías, tras tu trabajo diario, descansar y tener paz. Bienaventurado es aquel que fue destinado al descanso; no conocería el mal, ni tendría nada que temer, pues has sido purificado y has sufrido grandes dificultades en tus días. Nadie te ha vencido, y tampoco habrá nadie que te despierte de nuevo; así será hasta que se cuente tanto como tus enemigos han contado desde aquel lugar eterno.

Du hast dich hart gemüt die gulden welt zumachen / darumb du auff dein tagwerck billich solt rühen vnd rüh haben / Selig ist der / der vn der dem schlaff geboren würt / kein args würt er wissen / dann du hast gereyniget / mit grosser not vil erlitten in deinen tagen / dich hat niemandts vberwunden / vnd niemandts wirt der sein / der dich wider werde auffwecken / so lang biß noch so vil gezelt würt als lang deine feind gezelt haben / von jrem nest her.

LOS PRONÓSTICOS EXPLICADOS POR EL DOCTOR PARACELSO

Las figuras que acabamos de ver son 32 y se reparten en un período de 24 años, en el transcurso del cual tendrá lugar su cumplimiento. La menor de estas figuras exigiría un voluminoso libro para poder explicar por qué en el Uno están incluidas todas las cosas. Si todo fuera expuesto de un modo claro, ¡cuál sería el escalofrío de horror que sacudiría al mundo como si fuera una caña! Mas es difícil revelar todo lo que está oculto aquí, dado que es increíble.

La figura II utiliza la imagen de la flor de lis, pero más que un lirio debería ser un sapo ya que el sapo es el primero de los *magicum signum*, pero el sapo se ha transformado en una flor.[11] Porque, así como el sapo se hincha a sí mismo con veneno, así el orgullo hincha a aquellos que están penetrados por él. No es una flor de lis cultivada en un jardín, sino una flor salvaje que aparece entre las espinas que impiden gozar de su perfume.

Habrá tal miseria y se elevará tanto humo que al final será necesario comprender. Y, puedes creerme, no habrá

11. El lirio representa a los príncipes y según la tradición popular los sapos pueden ser príncipes encantados.

muchas risas pues verse abandonado por los mejores compañeros vuelve al hombre débil y estúpido. Además, el contagio alcanzará incluso al hijo mimado de la casa. También podéis pensar que si uno tiene suficiente tiempo, fuerza y previsión, y que el tiempo le permita escribir no *universaliter*, sino *particulariter*, no por ello dejarían de revelarse muchos males.

Las cuatro figuras siguientes provocarán también muchos males antes de que cada una de ellas sea realizada en detalle. Será necesario recurrir a alianzas extranjeras, formar una cadena, edificar y demoler, romper y construir, y buscar, por todas partes, si podemos hallar un refugio al calor. Pero la figura octava obtendrá la victoria y el triunfo, pues en el caso contrario sería imposible que durante el tiempo que viven aquí abajo haya reposo o paz. Cada cual hace lo que le viene en gana, y olvida cuál es la razón de su existencia aquí abajo diciendo «lo hago así porque me da la gana».

Si doblamos una vara con fuerza, no por ello deja de recuperar su estado natural. Tened siempre presente que no se puede tener nada doblegado permanentemente y que todo acaba recuperando su posición normal. Y si no ocurre de golpe, sucederá demasiado lentamente como para que vuelva a recuperar la dimensión que te dejaría satisfecho.

Y la figura siguiente (X) según su razón de ser, te invita a hacer penitencia, cubrirte de cenizas y vestirte con un saco. ¿Acaso hubiera tenido otra suerte Nínive si Dios hubiera querido que a fuerza de plegarias no se realizaran las profecías de Jonás? Comerse las uñas es una dieta escasa, una operación casi dolorosa cuando llega el frío. Pero cada cual cosecha lo que ha sembrado.

Grandiosas palabras son las que la Virgen María ha pronunciado al decir: «ha depuesto a los poderosos de su trono».[12] Porque nadie ha de extrañarse de que ocurran cosas imposibles ya que todo está en las manos de Dios. Que los soberbios se humillen, los que tienen hambre sean saciados y lo que no ha de permanecer será abatido. Bienaventurados los pobres, porque no serán abandonados ni ellos ni cualquiera que carezca de sostén. Pues lo que puede la letra unida a la letra, ¿cómo lo lograría aquel que no tiene un hueco donde fijarse?

Si pudiera imaginarse el transcurso del tiempo como una torre andamiada, sin duda alcanzaría la altura de la torre de Babel. Pero así como la torre de Babel fue abandonada milagrosamente, llegará un tiempo en el que no se podrá construir más. Entonces todos los escritos acumulados no servirán para nada. Tendrás que devolver voluntariamente la piedra al lugar de donde la tomaste. Serás como un juguete del viento al no haber construido murallas para resguardarte de él y esta voltereta será más desagradable para ti que para tu prójimo.

¿Quién sino el sabio conoce el final de todas las cosas y sabe que el hombre nada puede por sí mismo? Si todo está en manos de Dios, ¿para qué sirven las fuerzas del hombre que es comparable a un junco? Por lo tanto, sucumbirán cuando sea subyugado aquel que se ha entregado a tantas astucias secretas. Pero, antes de que esto ocurra, debe realizarse la figura siguiente.

12. Véase *Lucas* I-52: «Quitó los poderosos de los tronos, y levantó a los humildes».

Porque, si no barréis vuestra propia casa, ¿cómo podríais barrer la de los demás? Aquel que no sabe guiarse a sí mismo, tampoco sabrá guiar a su prójimo. Todos los que intentaban resistir acabarán desistiendo ya que todo será restaurado en la paz y puesto de nuevo en su sitio. Del mismo modo, desaparecerán las alianzas ya que sólo se hicieron para mantener la discordia y para que se cumplieran los deseos del corazón.

Dios ha tenido paciencia durante mucho tiempo vigilando lo que el hombre debe hacer y cómo utilizaba su sabiduría, sin embargo nada dura eternamente y no hay nada completamente seguro. Mas el hombre ha de convencerse de que no puede dudar porque la duda es el enemigo de la fe y ha de haber certeza, sino todo debe replantearse, y sería una gran tortura.

Entonces el Sol iluminará a aquel que es su propio juez, no habrá alianzas ni cadenas lo suficientemente fuertes para impedir la llegada de esta era en la que cada cual cortará la hierba de su campo y vivirá como un niño inocente y sin astucia.

Durante mucho tiempo Dios ha dormido porque quería concederse a sí mismo este merecido reposo. Es cierto que a menudo se lo ha despertado, y cuando se levanta, todas las criaturas tiemblan. Él es quien trastoca y endereza de nuevo a voluntad. Se ha propuesto actuar todavía durante 24 años antes de entrar en el reposo. Pero para Él esto no es más que un instante. Nos hace languidecer, no con una figura cada año, sino mezclándolas todas y añadiéndolas hasta que se hayan realizado. Por esta razón, nadie ha de ser nombrado y nada pueda sospecharse antes de que llegue la hora.

El que lea estos *pronósticos* ha de hacerlo con la idea de que no hay nadie que esté en el conocimiento. Sin embargo, cuando una predicción se ha cumplido y ha venido a suceder, todos pueden comprenderla, pero entonces ya no tiene sentido. Más de uno pensará que esto no tiene nada que ver con él; es y será así. Porque lo habitual es querer protegerse a sí mismo, aunque nadie quiere conocerse a sí mismo. Se toma la interpretación para aquellos hacia los que se siente envidia, incluso oponiéndose al propio Dios que es el único que juzga y es perfecto, pero posiblemente será rasgado y destrozado por todas partes. Que Dios traiga un buen final.

ÍNDICE

Las fábulas egipcias y griegas de la antigüedad sirvieron para ocultar lo que los sacerdotes de las distintas religiones sabían sobre la Gran Obra. Ésta es la tesis defendida por Antoine Joseph Pernéty.

Más allá del estudio de la mitología griega y egipcia, y de la corrección sistemática de las afirmaciones del Abbé Banier sobre el tema; en *Las Fábulas Egipcias y Griegas desveladas y reducidas a un mismo principio* sigue el método de la filosofía hermética en su búsqueda de la verdad y el conocimiento. Una filosofía que establece relaciones secretas y simbólicas entre todas las cosas, y que es la base misma de la alquimia. Así pues, bajo la apariencia de mitografía, esta obra es en realidad un verdadero tratado de alquimia y filosofía hermética. Para el autor, la mitología y los textos griegos y egipcios constituyen la base del hermetismo.